AF242189

ARRESTATION

DE

MADAME.

PARIS. — IMPRIMERIE ET FONDERIE DE FAIN,
RUE RACINE, N°. 4, PLACE DE L'ODÉON.

ARRESTATION

DE

MADAME,

PAR

Me me; adsum qui feci. (VIRG., *Enéid.*, liv. 9.)

A PARIS,

CHEZ LES LIBRAIRES ASSOCIÉS,
RUE DES FILLES-SAINT-THOMAS, 1,
PRÈS LA BOURSE.

1835.

ARRESTATION

DE

MADAME,

PAR

SIMON DEUTZ.

« *Me, me ; adsum qui feci.* » (Virg., Enéid, liv. 9.)
« L'injustice court vite et l'équité vient tard. »
(*Honneur et préjugé.*)

INTRODUCTION.

L'apparition sur les côtes de Provence du *Carlo-Alberto*, l'émeute de Marseille, le débarquement de Madame, son voyage à travers les provinces du Midi, son arrivée et son séjour dans la Vendée, ses efforts pour y remuer les cendres encore tièdes de la guerre civile, son arrestation et sa captivité à Blaye, sont désormais du domaine de l'histoire, et il n'appartient à personne de prévenir ses arrêts. Mais lorsque déjà tant d'hommes amis de la légitimité ont raconté ces événemens dans l'intérêt de leur parti, les ont travestis et dénaturés au gré de leurs passions; lorsque tant d'écrivains consciencieux, mais abusés, se sont rendus les échos trompeurs d'accusations mensongères, comment ne pas craindre que l'impartialité de l'historien ne s'égare, et qu'il n'aille puiser à des sources altérées par les haines politiques!!... C'est donc un devoir pour quiconque s'est trouvé mêlé à ces événemens, de payer au pays son tribut de position, et de dire ce qu'il sait, ce qu'il a vu, ce qu'il a entendu; c'est ce devoir que vient aujourd'hui remplir Simon Deutz.

Injurié, maudit, calomnié, flétri des épithètes *de misérable, de traître, d'infáme,* il a eu pendant trois ans la résignation du silence ; sans se plaindre, pendant trois ans, il a supporté l'outrage, et cependant cet outrage n'était pas pour lui seul; il atteignait son vieux père, ses frères, ses sœurs, toute sa famille ; et cependant son premier besoin, sa première occupation, après l'arrestation de Madame, avait été d'en retracer toutes les circonstances ; et sa plume en avait écrit la relation ;

mais docile, quoiqu'à regret, aux conseils de l'amitié, il condamna son œuvre à l'obscurité du portefeuille, en en remettant la publication à des jours meilleurs.

Ces jours, long-temps attendus, sont enfin arrivés : trois ans écoulés depuis la capture de Nantes, ont calmé bien des passions, refroidi bien des haines, et Deutz, libre de tout dire, dira tout sans ambages et sans réticence.

Cet écrit n'est pas une justification qu'il présente à des juges ; il n'en a pas besoin, et sa conscience, le plus sévère et le plus intègre des juges, lui dit assez qu'en étouffant la guerre civile près de se rallumer plus active et plus dévorante, en épargnant le sang de tant de généreux citoyens, en frappant de mort un parti, irréconciliable ennemi de nos libertés, il a rendu au pays un immense service. Cet écrit est une relation fidèle des faits, qu'il offre aux lecteurs ; ce n'est pas au présent, mais à l'avenir, au biographe, mais à l'historien qu'il l'adresse. Il ne sollicite ni faveur ni indulgence, il demande justice et impartialité ; son but n'est pas de ramener les hommes prévenus, ou ses ennemis politiques (et grâces à Dieu, il ne croit pas en avoir d'autres); mais d'éclairer les hommes trompés, et de donner aux hommes de bonne foi les moyens d'apprécier sainement l'un des événemens de l'époque les plus importans et les plus féconds en conséquences. — C'est tout ce qu'il se promet de cet opuscule.

ARRESTATION

DE

MADAME.

CHAPITRE PREMIER.

Détails sur ma naissance et les premiers temps de ma vie. — Voyage à Rome. — Conversion au catholicisme. — Situation misérable des juifs en Italie. — Efforts pour parvenir à leur émancipation politique. — Voyage aux Etats-Unis.

A peine l'arrestation de Madame fut-elle connue, que les journalistes et les pamphlétaires légitimistes s'empressèrent à l'envi de me composer au hasard une biographie, dont les nombreuses erreurs me forcent à revenir brièvement sur les premiers temps de ma vie.

Né à Coblentz en janvier 1802, d'une famille honorable et jouissant d'une facile aisance, je fus élevé dans la religion juive ; c'était celle de mes ancêtres. Je n'avais encore que sept ou huit ans, lorsque mon père, grand-rabbin, fut appelé à Paris, pour faire partie de l'assemblée du sanhédrin convoqué par Napoléon ; je le suivis ; il continua à Paris mon éducation, et plus tard, me laissa le choix d'un état ; je me décidai pour l'imprimerie, et entrai dans les ateliers de deux de nos plus habiles typographes ; ce travail m'occupa jusqu'en 1827.

Jusque là, étranger aux agitations des partis, aucun événement politique n'était venu traverser ces 25 années de ma vie, dont la monotonie n'avait été rompue que par quelques sourdes persécutions de l'intolérance et quelques obscures menées de la police contre mon culte et mes co-religionnaires. Trop jeune encore, j'avais assisté comme spectateur aux grandes catastrophes de 1814 ; j'avais vu crouler l'empire, puis, sur ses débris, s'élever la restauration sous la tutelle des baïonnettes étrangères, puis l'Empereur ramené par l'armée au 20 mars, au milieu des acclamations du peuple, et trois mois après, tombant glorieusement aux champs de Waterloo; mais mon âge m'avait tenu éloigné de tous ces bouleversemens, auxquels je n'avais pu prendre une part active.

En 1827, un vif désir de connaître les mystères du christianisme, l'organisation et l'institut des jésuites, peut-être aussi l'espoir de me venger d'un misérable qui avait trahi la tendresse de ma sœur, me conduisirent à Rome. Fils d'un rabbin, ma conversion devait avoir dans le monde chrétien un grand retentissement, j'y fus accueilli comme un adepte, à l'abjuration duquel on attachait beaucoup de prix. A mon arrivée, je m'enfermai dans un collège de Cordeliers, et l'un d'eux, le père Orioli, se chargea, sur l'invitation du Saint-Père, de me préparer à recevoir le baptême. En février 1828, après maintes hésitations, je devins catholique.

Dès les premiers temps de mon séjour à Rome, le sort des Juifs, mes anciens co-religionnaires, m'avait touché, et le projet de faire servir ma faveur et mon crédit à améliorer leur position, et à leur rendre la liberté civile et religieuse s'était emparé de moi; c'était une monomanie de tous les instans.

Sous la trop courte domination des Français en Italie, la liberté des cultes y avait été proclamée comme en France, et les Israélites, honorés du titre de citoyen, y jouissaient des mêmes droits que les catholiques. Mais Pie VII rendu, après plusieurs années de captivité, à la chaire pontificale, cédant trop facilement aux exigences de l'esprit sacerdotal, avait restreint les franchises accordées aux juifs : sa bulle avait été le triomphe de l'esprit de caste sur l'esprit de tolérance, du préjugé sur la civilisation.

Léon XII, son successeur, s'était montré encore moins favorable aux Juifs ; non-seulement il les avait maintenus dans l'état de dépendance où il les avait trouvés, mais encore, accueillant trop légèrement un rapport de quelques moines persécuteurs, il les avait relégués dans un quartier infect et malsain, et parqués dans le *Ghetto*. Là des vexations, renouvelées du quinzième siècle, venaient les frapper chaque jour ; ils n'avaient ni liberté religieuse, ni liberté civile; les écoles publiques étaient fermées à leurs enfans; toutes les professions libérales leur étaient interdites, et le prosélytisme poussait à la conversion par la menace et la violence.

Cet état de misère et de servitude m'émut vivement; ma position me permettait de croire, sans trop de présomption, que je pourrais y apporter quelque adoucissement. Bien accueilli par le Saint-Père, je touchais chaque mois sur sa cassette une pension de 25 piastres; j'étais logé au collége Romain, chez les jésuites, assuré de la protection de plusieurs cardinaux, et notamment de celle du cardinal Capellari, devenu pape depuis; enfin, j'avais refusé la direction de l'imprimerie papale. Je m'adressai directement au Saint-Père; il m'écouta avec bienveillance, encouragea mes projets, et m'engagea à lui présenter un rapport écrit sur la situation morale et civile des Israélites à Rome.

Heureux de ce premier succès, qui pour moi était le présage de l'émancipation des juifs, je poursuivais avec ardeur ma mission

de tolérance et de liberté, lorsque la mort
enleva Léon XII. Le conclave lui donna pour
successeur Pie VIII; le nouveau pape, avec la
thiare de son prédécesseur, avait hérité de
sa bienveillance pour moi. Il me continua
ses bontés, appuya mes efforts en faveur des
juifs, et alla même jusqu'à créer une commission, dont il nomma président le cardinal
Capellari, et à laquelle il m'attacha comme
secrétaire-rapporteur.

Le choix du cardinal Capellari, ennemi dé-
claré des Israélites, était d'un fàcheux augure
pour la réussite de mes desseins : son hos-
tilité ne tarda pas à éclater au sein de la
commission. Vainement, pour en paralyser
les effets, je présentai rapports sur rapports,
observations sur observations; vainement
j'assiégeai la porte de chacun des membres
qui composaient le conseil, et les fatiguai de
mes visites ; l'influence du président l'em-
porta, et la commission décida, « que Rome
» ne ferait jamais rien pour améliorer la situa-
» tion temporelle des Juifs, et qu'elle ferait tout
» au contraire pour le salut de leurs âmes. »

Ainsi déçu dans un espoir que je caressais avec prédilection, découragé par tant et de si puissans obstacles, je me plaignis amèrement à quelques amis des difficultés qui m'avaient arrêté, et des ennuis qui m'attendaient. L'honorable M. Borély, aujourd'hui procureur-général de la cour royale d'Aix, me répondait le 1ᵉʳ. juin 1830 (*) : « Tout ce que vous me » dites me touche au dernier point. Je vous ai » compris ; je vous devine très-bien et de fort » loin.

» Je vois que vous éprouvez bien des diffi» cultés et des lenteurs décourageantes dans » la direction de vos idées et de vos projets. » On n'obtient pas un grand succès, on ne » termine point un grand œuvre sans passer » par toutes ces phases de découragemens, » de dégoûts et d'ennuis. Les âmes fortement » trempées résistent à tout, et arrivent ordi» nairement au but : je sais bien qu'il faut » toujours que ce but puisse être atteint,

(*) L'original de cette lettre et de toutes les pièces que je cite est entre mes mains.

» et ici c'est à votre discernement à décider.

» Toujours me paraîtra-t-il bien déplorable
» qu'un projet tel que le vôtre, aussi bien
» conçu, aussi bien conduit, soit indéfini-
» ment ajourné. L'état des malheureux Israé-
» lites à Rome est la plus choquante anomalie
» que présente la chrétienté. »

Prolonger mon séjour à Rome, après la dé-
cision de la commission, et renoncer, même
momentanément, à un plan qui m'occupait
depuis trois ans, et à l'exécution duquel,
renfermé dans un couvent, astreint aux pra-
tiques du cloître, j'avais fait le sacrifice de
mon indépendance et des plaisirs du monde,
c'eût été peut-être paraître approuver par mon
inaction et mon silence l'oppression du peuple
israélite... Je me décidai à quitter l'Italie :
à peine cette résolution fut-elle connue de
mes amis, que le Saint-Père et le cardinal
Capellari ne négligèrent rien pour m'en faire
changer. Offre d'une place honorable et large-
ment rétribuée dans l'administration civile,
ou, si je l'aimais mieux, d'un emploi dans la
diplomatie, perspective d'un brillant mariage,

promesses, prières, tout fut mis en œuvre pour me retenir. Mais ma détermination était immuable : voyant qu'il était inutile de la combattre plus long-temps, le Saint-Père, lorsque je pris congé de lui, eut la bonté de me faire compter pour mon voyage 300 piastres ; c'était d'avance une année de ma pension.

Arrivé à Marseille en juillet 1830, je n'y restai que quelques jours, et m'embarquai pour les États-Unis. Je vis cependant M. Borély, et laissai entre ses mains mes rapports à la commission en faveur des Israélites.

Ce fut le 30 juillet que le bâtiment qui me portait mit à la voile, et quitta Marseille, où flottait encore le drapeau blanc, et où chacun était encore dans l'ignorance de la sublime insurrection du peuple parisien, et de sa révolution, œuvre de trois journées. Je n'appris qu'aux États-Unis, et en même temps, cette immense catastrophe, la mort de Pie VIII, et l'avénement à la chaire pontificale, sous le nom de Grégoire XVI, de mon protecteur, de l'homme qui ne dédaignait pas de m'appeler son ami, du cardinal Capellari.

Ces événemens, en modifiant mes projets, devaient naturellement me ramener à Rome; je m'embarquai à New-York, où j'avais abordé un an auparavant, et deux mois après, je mis pied à terre à Londres. Nous étions à la fin de 1831 ; j'étais alors âgé de 29 ans, et je n'avais eu jusque-là aucun rapport, soit direct, soit indirect, ni avec MADAME, ni avec les autres membres de la famille des Bourbons. Je ne connaissais la restauration que par ses persécutions religieuses contre ma famille et moi.

Le séjour de quelques mois que je venais de faire dans l'intérieur des États-Unis, terre classique de la tolérance et de la liberté, n'avait pu que fortifier mes projets d'émancipation en faveur des Juifs, et je revenais à Rome, plein d'ardeur et de persévérance, lorsque la rencontre de MADAME à Massa vint changer mon avenir, et donner à mon nom, jusque-là obscur, une rapide célébrité.

CHAPITRE II.

Arrivée à Londres.—M. E. de Montmorency.—Mesdames de Bourmont. — Genève. — Turin. — Massa. — Ma présentation à Madame. — Composition de son ministère. — MM. de Bourmont, de Choulot, de Saint-Priest, de Kergorlay, de Mesnard. — Retour à Rome. — Lettre de M. de Bourmont. — Le pape peu favorable à la révolution de juillet. — Seconde audience de Madame.

Londres était devenue à cette époque le lieu de réunion de la plupart des légitimistes qui, à la révolution de 1830, avaient fui la France, et les chefs du parti semblaient s'y être donné rendez-vous. J'y rencontrai plusieurs notabilités carlistes que j'avais connues naguère à Rome.

Je ne faisais que passer à Londres. Un matin, M. Eugène de Montmorency vint me trouver, et me proposa d'accompagner en

Italie mesdames de Bourmont. C'était un service de pure obligeance, tout-à-fait étranger à la politique, et qui ne me détournait pas de ma route, je fus heureux de pouvoir le rendre. Chevalier de mesdames de Bourmont, je les conduisis à Genève, où elles se fixèrent. Ce court voyage avec une famille, aux qualités privées de laquelle chacun se plaît à rendre hommage, ne m'a laissé que d'agréables souvenirs.

J'avais hâte de me rendre à Rome ; mais une indisposition, occasionée par la fatigue, me forca de m'arrêter à Turin : je logeai au collége des nobles , chez les jésuites. Ce fut là que je reçus la visite d'un ambassadeur étranger, M. le chevalier Dollery, qui m'amena un membre de l'Institut français , connu par ses études scientifiques et par ses opinions légitimistes; j'ai nommé M. Cauchy. Il était à la veille de partir pour Massa, où MADAME tenait sa petite cour, il m'engagea à faire le voyage avec lui, et j'y consentis.

Au commencement de février 1832 , je fus psésenté à MADAME. C'était la première fois

que je la voyais, et jusque-là elle ne m'avait
révélé son existence ni par ses bienfaits, ni
par ses injures, « *Nec injuriá, nec beneficio
cognita.* » Elle me reçut avec bienveillance,
me remercia avec bonté du service que j'a-
vais rendu à mesdames de Bourmont, m'a-
dressa encore quelques paroles flatteuses,
mais pas un mot de politique ne se mêla à sa
conversation. Ayant appris dans le cours de
l'audience de M. le comte de Brissac que mon
dessein était de parcourir l'Espagne et le
Portugal, elle voulut bien m'offrir pour mon
retour à Rome, des lettres de recommandation, que j'acceptai en m'inclinant.

Autour de Madame, et comme composant
son ministère, se trouvaient M. le maréchal
de Bourmont, MM. les comtes de Choulot, de
Saint-Priest, de Kergorlay, de Mesnard, et
autres dont les noms m'échappent. Pendant
les quatre jours que je passai à Massa, je les
vis tous, mais sans être admis à leurs conseils, sans être initié au secret de leurs projets, et je pris congé d'eux, aussi ignorant de
leurs menées et de leurs intrigues, aussi li-

bre de ma personne et de mon opinion, que quand j'étais arrivé.

Je retrouvai à Rome le cardinal Capellari, ou plutôt le pape Grégoire. Son élévation n'avait point changé sa bienveillance pour moi; il n'avait point oublié son protégé. Il me témoigna la joie que lui causait mon retour, et me conduisit dans les jardins du Vatican, où il m'entretint plus d'une heure. « Si j'avais un fils, me dit-il, en me quittant, » avec une tendre affection, je ne saurais » l'aimer plus que vous. » C'était là un emprunt que le Saint-Père faisait aux souvenirs du cardinal, car maintes et maintes fois avant mon départ pour les États-Unis, le cardinal m'avait répété cette phrase.

Si le choix du conclave n'avait point changé les affections du cardinal Capellari, il n'avait point changé non plus ses inimitiés, et le nouveau pape n'était pas moins hostile aux Juifs que ne l'avait été le vieux cardinal. Cette disposition d'esprit était peu favorable à l'exécution de mon dessein, et il me fallut encore ajourner un projet qui était devenu chez moi une idée fixe, et m'avait fait passer à Rome pour monomane. Sur ces entrefaites, je reçus de M. le comte de Bourmont une lettre qui me rappelait indirectement à Massa.

« Monsieur, m'écrivait-il le 18 février, j'ai
» reçu par M. C.... la lettre que vous m'avez
» fait l'honneur de m'écrire le 10 de ce mois,
» je vous en remercie, et vous fais mon com-
» pliment sur le gracieux accueil que vous
» avez reçu de sa sainteté.

» Ma femme était souffrante, elle est beau-
» coup mieux à présent, et mes filles se trou-
» vent assez bien du climat de Gênes. Elles
» m'ont demandé de vos nouvelles, et je leur
» en ai donné ; elles conserveront toujours
» une vive reconnaissance de l'intérêt que
» vous avez eu la bonté de prendre à leur si-
» tuation.

» J'ai informé Madame, de vos projets de
» voyage en Espagne et en Portugal ; *elle*
» *sera charmée de vous voir à votre passage.*

» *Elle vous priera probablement de vouloir bien*
» *vous charger de quelques commissions.*

  » Agréez, je vous prie, etc., etc.

    « Le maréchal, comte DE BOURMONT. »

Je communiquai cette lettre au Saint-Père. Quel ne fut pas mon étonnement de l'entendre m'engager avec chaleur à prendre parti pour MADAME contre Louis-Philippe!... Pour lui, c'était une lutte entre deux principes, c'était la légitimité aux prises avec l'usurpation; or rétablir l'une, en renversant l'autre, c'était servir la religion.

A peine arrivé à Massa, je m'aperçus facilement que l'on cherchait à me gagner au parti. Le Saint-Père avait parlé de moi à MADAME en termes obligeans, et m'avait peint comme un homme intelligent, actif, de courage et d'exécution, tenace dans ses résolutions, usant du crédit de ses amis et de sa faveur personnelle, non dans un intérêt privé, mais dans un intérêt général. Sur ce portrait, flatté sans doute, on pouvait me considérer comme une conquête qui n'était pas sans

prix, et l'on s'efforçait de m'inféoder au carlisme.

Madame m'accorda successivement plusieurs audiences; dans la dernière, elle me
remit des lettres de recommandation pour
l'Infante dona Louisa Carlotta, et pour la reine
d'Espagne, ses sœurs. En même temps, faveur
inespérée, que je n'avais ni sollicitée, ni enviée,
elle y joignit quelques lignes autographes
qui m'accréditaient comme son plénipotentiaire auprès de don Miguel....... Me voila
donc, bon gré malgré, diplomate et jeté sans
le vouloir, presque sans le savoir, dans la
voie des intrigues des cours!...

Plénipotentiaire, il me fallait des instruc-
tions, et de ce jour data mon initiation aux
secrets du parti.

CHAPITRE III.

Projets de Madame et de son parti.—Moyens d'exécution.
— Mission auprès de don Miguel. — Son objet. —
Même mission auprès de l'empereur Nicolas. — Réponse
de l'autocrate. — Serment de fidélité entre les mains de
M. le comte de Choulot. — Equipée de Marseille. —
Bulletin officiel de l'expédition par M. Ch. de B....,
l'un des passagers du *Carlo-Alberto.* — Barcelonne.—
Madrid.— Don Carlos. — L'évêque de Léon. — Les
comtes d'Espagne et de Fournals.—La princesse de Beira.
— La reine d'Espagne. — Madame en Vendée. — Etat
du pays. — Première lettre à M. de Montalivet. —
Audience de don Miguel. — Conférences. — Lettre de
l'archevêque d'Evora. — Deuxième lettre à M. de Montalivet. — Départ pour Paris.

Le but de Madame était la conquête de la
couronne pour son fils : ses moyens, la guerre
intérieure, la corruption des fonctionnaires,
l'embauchage de l'armée, et l'invasion étrangère.

Tandis qu'à Paris, les feuilles de la légitimité appelaient le suffrage universel, et la

manifestation des vœux de la nation, qu'elles promettaient, au nom de Henri V, l'oubli du passé, la liberté de la presse, et la sanction d'institutions libérales; à Massa, l'entourage de MADAME criait à la trahison, et signalait les traîtres à la restauration, déclamait contre *la licence de la presse qui avait soulevé les passions révolutionnaires de juillet*, contre *la concession d'une Charte qui avait resserré la royauté dans des bornes trop étroites*, contre *l'octroi de certaines lois qui avaient accordé au peuple une part dans l'administration du gouvernement*, etc., etc. A ces propos tenus hautement, il était facile de deviner l'esprit qui dirigeait les conseils de MADAME.

Je fus envoyé à Lisbone, auprès de don Miguel, pour obtenir de lui des secours d'hommes et d'armes. M. le comte de Choulot avait été précédemment chargé de la même mission pour l'empereur Nicolas. Mais l'autocrate avait répondu à cet envoyé de MADAME « que marcher actuellement, et sans un » motif même spécieux, contre la France, ce se-

» rait susciter une guerre nationale, à laquelle
» il ne voulait ni ne pouvait s'exposer; mais
» que si quelques départemens venaient à s'in-
» surger contre l'autorité de Louis-Philippe,
» que si les partis qui divisaient la France re-
» couraient aux armes, il interviendrait
» comme pacificateur, et que MADAME pouvait
» alors compter sur son assistance.» Ce fut
probablement cette réponse qui détermina
MADAME à tenter quelques mois plus tard une
descente sur les côtes de Provence. A ce motif il faut joindre cependant les flatteries de
sa petite cour, qui entretenait ses illusions sur
l'état de la France, exaltait son courage et
son héroïsme, et la berçait d'un nouveau vingt
mars, d'un second retour de l'île d'Elbe......
Poussée par leurs conseils au milieu du danger et de l'insurrection, elle reconnut trop
tard ce qu'il fallait attendre de ces nouveaux
preux; tous ces hommes de dévouement......
en paroles, furent les premiers à l'abandon-
ner et à déserter son drapeau (*).

(*) Lors de la première andience qu'elle m'accorda à
Nantes, elle s'en plaignit avec une sorte de colère : « Si

Au commencement d'avril, je quittai Massa, accompagné par M. le comte de Chuelot. A une lieue environ de la ville, dans une vallée plantée d'oliviers, dont le nom ne me revient pas, je prêtai entre ses mains le serment accoutumé; j'en ai retenu la formule : « Je jure » de faire tout ce qui sera en mon pouvoir » pour le rétablissement et le maintien de la » légitimité, et reconnais aux membres de la » régence, établie par MADAME, le droit de » prendre ma vie, au cas de trahison de ma » part. » En prêtant ce serment, je songeais déjà à préserver mon pays des malheurs de la guerre civile et de l'invasion étrangère.

A Barcelonne, où s'étaient réunis quelques carlistes, qui attendaient impatiemment le signal pour se jeter en France à la tête de troupes espagnoles, d'ailleurs peu nombreuses, j'appris l'équipée de Marseille, dont jusque-là on

» j'avais été mieux secondée, me dit-elle, nous serions
» plus avancés; je ne me défendrais pas, j'attaquerais. La
» Vendée n'existe que dans la campagne; il ne faut pas
» la chercher dans les villes. Le paysan a du courage et du
» dévouement; les nobles et les hommes des villes sont des
« lâches. »

m'avait fait un mystère. Les débats criminels de Montbrison, les dépositions des témoins, et les interrogatoires des accusés, semés de réticences, n'ont fait connaître qu'imparfaitement les détails de cette expédition. Voici le récit que m'en adressait officiellement, le 30 avril 1832, M. Charles de B......, l'un des passagers du *Carlo-Alberto* : c'est le bulletin de la campagne.

> « A bord du paquebot à vapeur le *Charles-Albert*,
> » en rade de Roses (Espagne).

« Monsieur, je suis heureux d'avoir à vous
» annoncer, en toute liberté et sans dégui-
» sement, l'heureux débarquement de MA-
» DAME en France (*); elle s'est embarquée
» très-secrètement le 25 à quatre heures du
» matin, sur la côte de Massa, à bord du
» *Charles-Albert.*

(*) Il avait été convenu entre M. Charles de B....... et moi que nous ne nous écririons qu'en chiffres. Comme tous les agens diplomatiques employés par MADAME, nous avions notre alphabet chiffré. Cette fois, pour m'annoncer le débarquement de Marseille, M. de B......., au lieu de recourir à nos signes de convention, emploie les caractères ordinaires, et c'est ce qui lui fait dire qu'il m'écrit *en toute liberté et sans déguisement.*

» Notre navigation, fort heureuse d'abord,
» a été ensuite contrariée par le mauvais
» temps. Le vent est devenu si violent que
» notre bâtiment ne pouvait plus tenir la
» mer, et que nous avons été obligés de nous
» réfugier dans le port de Nice : nous y
» avons complété notre provision en com-
» bustible, et nous en sommes repartis le 28
» à une heure du matin. Le 29, à deux
» heures, nous avions doublé le fanal de
» Plonier, à l'entrée de la rade de Marseille,
» et à trois heures, MADAME était à bord d'une
» petite barque de pêcheurs, qui la portait
» à terre, où l'attendaient, pour la cacher,
» deux ou trois amis dévoués. Le maréchal
» de B....., le comte de Kergorlay, le comte
» de Brissac et le comte de Mesnard accom-
» pagnaient S. A. R. Un plus grand nombre
» de personnes eussent compromis sa sûreté,
» et nous avons eu la douleur d'être forcés
» de la quitter au moment du plus grand
» danger. Il a été ordonné à M. de Saint-
» Priest lui-même de demeurer à bord. Nous
» avons été forcés aussi de nous éloigner de

» la côte de France, pour ne pas exciter de
» soupçons. Nous retournerons demain à
» Marseille, *où nous trouverons sans doute le*
» *drapeau blanc arboré.* Dans un autre cas ,
» nous débarquerons aussi secrètement. *Le*
» *Midi jusqu'à Bordeaux suivra le mouvement*
» *de la Provence , et le 7 mai toutes les pro-*
» *vinces de l'Ouest se soulèveront en masse.*
» Nous avons toujours le meilleur espoir que
» dans cette grande entreprise nous obtien-
» drons les résultats les plus prompts et les
» plus décisifs.

» MADAME vous charge spécialement, mon-
» sieur, de faire au Roi (*) communication
» d'un événement aussi grave, et qui, dans
» les circonstances actuelles , peut n'être pas
» sans intérêt pour S. M. T. F. MADAME compte
» toujours sur la bienveillance et la bonne
» volonté que S. M. lui a témoignées plusieurs
» fois, et elle lui aurait écrit elle-même
» si elle n'avait pas craint de lui annoncer
» un événement, avant qu'il ne fût accompli.

» *Vous savez , monsieur, quels sont les dé-*

(*) Don Miguel.

» *sirs de* MADAME. *C'est à vous maintenant de*
» *les faire connaître*, *et d'agir suivant les cir-*
» *constances.*

» CH. DE B..... »

Averti par cette lettre du débarquement de MADAME, et bientôt après par les feuilles publiques de l'insuccès de sa tentative, je partis pour Madrid. C'était la résidence de tous les chefs du parti apostolique espagnol : à leur tête marchait le frère du roi Ferdinand, don Carlos, puis venaient l'évêque de Léon, président des sections du conseil d'état, les comtes d'Espagne et de Fournas, tous les deux capitaines-généraux de la Catalogne et de l'Arragon, la princesse de Beira, et la femme de don Carlos, toutes les deux sœurs de don Miguel, et dévouées aux intérêts de MADAME, dont la cause se confondait à leurs yeux avec celle de l'absolutisme.

MADAME m'avait remis pour la reine une lettre autographe, mais je ne pus pénétrer jusqu'à elle. On me la peignit comme *entachée de libéralisme*, et ennemie déclarée des jésuites, rêvant même l'abolition de leur ordre : malgré ces renseignemens, je sollicitai d'elle une audience; sans me la refuser positivement, elle me l'assigna à un délai si éloigné que je ne pus en profiter.

Les légitimistes français et les apostoliques espagnols avaient entre eux de fréquens conciliabules, et tout se préparait dans l'ombre pour une invasion. Le parti entretenait des intelligences dans l'Ouest et dans le Midi; il était en correspondance avec de hauts fonctionnaires, qui l'instruisaient des mesures prises, même dans le conseil des ministres; Par son or et ses intrigues il était parvenu à soulever la Vendée, et à organiser l'émeute à Paris; la guerre civile menaçait de s'étendre aux départemens de l'ouest, désolés par le pillage, le vol et l'assassinat, et plusieurs fois déjà les députés de ces contrées, en accusant le gouvernement de mollesse et même de complicité, avaient signalé à la tribune l'état alarmant de ces provinces (*). C'était au milieu

(*) « Ce ne sont plus aujourd'hui, disait à la chambre
» des députés, dans la séance du 19 mars 1832, M. Chai-

de ces circonstances peu rassurantes pour l'avenir, avec ces élémens de guerre intestine, de ruine et de misère pour la France, que MADAME venait de se jeter dans le Bocage. Déjà des proclamations répandues avec profusion annonçaient son arrivée ; les bandes vendéennes se réorganisaient, leurs chefs approvisionnaient leurs châteaux, le jour de la prise d'armes générale était fixé. Si un succès, même passager, suivait ce soulèvement, l'étranger franchissait la frontière....

Je pouvais, sans faire couler une goutte de sang, par l'arrestation d'une femme, prévenir ces déchiremens et ces malheurs. Ma résolution fut bientôt prise, et prise irrévocablement. Je m'enfermai chez moi, et écrivis à l'instant (1ᵉʳ. juin 1832) à M. de Montalivet, que je ne connaissais que par la haine que lui avaient vouée les carlistes, qui l'appelaient

» gneau , député de la Vendée , quelques offenses passagères
» à l'autorité des lois méconnues , c'est le désordre, c'est le
» pillage, c'est l'assassinat ; en un mot, *la manifestation*
» *complète de tous les symptômes d'une guerre civile.*»
MM. E. Salverte, Luneau et Odilon Barrot tenaient le même langage.

entre eux *l'âme damnée de Louis-Philippe.*
Par ma lettre, que je confiai a M. de Rayneval, notre ambassadeur à Madrid, je faisais
connaître au ministre la mission que je tenais
de Madame, et lui disais qui j'étais. Je termi-
nais, en me mettant tout entier à la discré-
tion du gouvernement.

Mon but, quoi qu'en aient dit les organes
de la légitimité, était de sauver la France des
horreurs de la guerre civile et de l'invasion
extérieure. Que pouvais-je attendre de Louis-
Philippe, dont la puissance était encore mal
affermie? Des honneurs, des dignités, de l'argent?..... Mais toutes ces faveurs, après les-
quelles courent l'ambition et la cupidité,
m'étaient bien plus sûrement acquises, en
restant attaché au parti de Madame. Si je me
taisais, déjà ennobli, créé baron, nommé
plénipotentiaire de la Régente, chargé par elle
d'une importante mission, et d'un emprunt
de 40 millions pour elle et pour don Miguel,
les récompenses honorifiques et pécuniaires
ne pouvaient me manquer; si je parlais, je
faisais le sacrifice de ces brillantes espé-

rances, je me dévouais aux poignards carlistes, aux malédictions et aux vengeances
du parti, à la flétrissure du nom de traître...
Et j'ai parlé!!... j'ai sacrifié à ma conviction
de citoyen mon intérêt d'homme.....

J'arrivai à Lisbonne, et obtins, au bout de
plusieurs semaines d'attente, une audience
de don Miguel. Je devais solliciter de ce
prince un secours d'hommes et d'armes, m'entendre avec lui sur les conditions de l'emprunt projeté, en son nom et au nom de Madame, et enfin lui proposer une alliance avec
Mademoiselle. Cette dernière partie de mon
message était abandonnée à ma prudence. Je
remplis cette triple mission, et, après plusieurs conférences, l'archevêque d'Évora, ministre de l'instruction publique, m'adressa
au nom de son maître la lettre suivante (*) :

« Monsieur, je suis dans l'impacience de
» vous communiquer au plutôt ce que S. M.
» très-fidelle m'a dit au sujet de vous et de
» votre mission.

(*) J'ai cru devoir la reproduire avec les fautes d'ortho-
graphe et de français qu'elle renferme ; c'est un document
historique auquel je n'ai voulu rien changer.

» Sa Magesté est *charmé* de votre noble
» assurance, et de votre dévouement aux in-
» térêts de S. M. Très-Chrétienne.

» Quant aux trois articles de votre mission,
» Sa Mag. m'a dit *que il* ferait de sa part tous les
» efforts possibles pour remplir ce qu'il vous a
» promis touchant au premier (*) et au second
» article; mais qu'au troisième il ne pouvait
» répondre affirmativement, car *cet* affaire
» était déjà fort *avancé* dans une autre cour
» de l'Europe. Je dois vous assurer *que il* té-
» moignait quelque embarras, et que la troi-
» sième proposition lui plairait beaucoup,
» s'il était en son pouvoir de l'accepter.

» Voici, monsieur, le résultat de ma der-
» nière conférence avec Sa Magesté, qui
» ressent quelque chagrin de ne vous en-
» tretenir une autre fois; mais que cédant
» aux circonstances actuelles, vous prie de

(*) Dans la seule audience que j'eus de don Miguel, ce
prince m'assura qu'il ferait tout pour servir les projets de
MADAME, et me promit de lui envoyer ce qui lui restait de
fusils français des guerres de la Péninsule. L'armée portu-
gaise ne se servait que de fusils de calibre anglais.

» vous tenir sur vos gardes, car vous êtes
» obsédé d'espions dans la mer et à la terre ;
» et Sa Magesté en serait au désespoir *si* il vous
» arriveait quelque accident fâcheux dans
» sa capitale. Je dois ajouter à cet exposé
» l'assurance de ce que S. M. T. F. prend au
» cœur les intérêts de *son hautesse le* duchesse
» de Berri, que il regarde comme l'héroïne
» du siècle ; et pour vous donner une preuve
» de ses sentimens, je vous apprends qu'en
» entrant (mai dernier) dans le *gabinet* où
» S. M. se rend pour conférer avec ses minis-
» tres, je vis sur sa table un portrait de gar-
» con très-beau, et vêtu en uniforme mili-
» taire ; et le Roy, *marquant* ma surprise,
» m'a dit, avec un accent *de* affection et de
» tendresse que je ne sais pas définir : « *C'est*
» *le portrait de Henri cinquième ; car je ne*
» *sais le nommer autrement.* »

» S'il vous plaît, *rendés* mes hommages de res-
» pect et d'admiration à la Duchesse de Berri,
» véritable protectrice de tous les Rois de l'Eu-
» rope ; et dites de ma part au vainqueur
» d'Argel, que si j'ai pleuré de joie à la nou-
» velle de la prise d'Argel, j'ai pleuré aussi,

» mais de rage, en voyant le prix *que* une
» patrie plus ingrate que celle de Scipion lui
» a donné.

» A Lybonne, 31 aut 1832.

» Votre ami,

» F. Fortunat, *archevêque d'Evora* (*).»

A Lisbonne, les légitimistes n'intriguaient
pas moins qu'à Madrid; mais l'éloignement de
Madame et ses revers dans la Vendée avaient
mis la discorde au camp, et laissé aux prises
les ambitions subalternes. Madame enlevée à
son parti, il se déchirait de ses propres mains :
dès long-temps je l'avais compris, et m'étais
promis, dans un intérêt général, de profiter
de ces divisions intestines.

J'écrivis à M. de Montalivet une seconde
lettre, dans laquelle je lui dévoilais les plans
et les projets de Madame et de ses partisans.
« Il n'y a, lui disais-je, qu'un moyen de déli-
» vrer la France de l'anarchie et de la guerre

(*) Cette lettre portait pour adresse : A Illmo. Jacinto
Deutz, meu amico — No largo de S. Paulo.
Au très-illustre Simon Deutz, mon ami — place St.-Paul.

» civile, ce moyen, c'est l'arrestation de Ma-
» dame; il n'y a qu'un homme capable d'y
» réussir, cet homme, c'est moi. »

A ce service que je proposais de rendre, je
ne mettais qu'une seule condition, c'était que
le gouvernement s'engageât à me garantir
pour Madame la vie sauve. Cette lettre, comme
la première, fut remise à M. de Rayneval,
par M. L..., l'un de nos agens diplomatiques
à Lisbonne.

Ne recevant point de réponse, et ayant par
devers moi quelques motifs de soupçonner
une trahison, je me décidai à partir pour Paris. Ce voyage n'était pas sans périls; il me
fallait, sans sauf-conduit, au milieu d'une
active surveillance, et chargé de dépêches carlistes, parcourir trois cents lieues; mais j'avais
déjà bravé tant d'autres dangers, que celui-là
ne m'arrêta pas, et je me mis en route. La
France m'était d'ailleurs encore plus sûre que
l'Espagne et le Portugal, où sans cesse entouré
d'espions et d'émissaires de tous les partis,
vingt fois j'avais couru le risque d'être poi-
gnardé.

CHAPITRE IV.

Conversation avec le ministre de l'intérieur. — M. de
Montalivet remplacé par M. Thiers. — Conditions
faites au gouvernement. — Départ de Paris. — Arrivée
à Nantes. — MM. Joly, Maurice-Duval, Jauge, banquier. — Difficultés pour découvrir MADAME, et arriver
jusqu'à elle. — Audience accordée. — Entrevue. —
Conversation de trois heures. — Mesures prises pour
l'arrestation non exécutées. — Pourquoi? — Nouvelle
audience demandée et difficilement obtenue. — Entretien. — Lettre à encre sympathique. — Arrestation.

A PEINE descendu de voiture, je courus
au ministère de l'intérieur. M. de Montalivet me reçut. Après les premières paroles
échangées, la conversation continua en ces
termes :

Le ministre : — « Je suis tout-à-fait d'ac-
» cord avec vous; si MADAME n'est pas arrêtée,
» la guerre civile est imminente; mais il ne
» suffit pas de voir le mal, il faut encore sa-

» voir le prévenir.... Etes-vous homme à vous
» charger de cette arrestation ? »

Cette question avait de quoi m'étonner, car
ma dernière lettre de Lisbonne y avait répondu, et je ne pus m'empêcher de le faire
remarquer à mon interlocuteur. Mais j'appris
bientôt, à mon grand étonnement, que le ministre ne l'avait pas reçue, et je sus plus tard
que M. de Rayneval, auquel je l'avais remise,
avait eu le tort d'en retarder l'envoi.

— « Ce que vous me demandez, repliquai-
» je au ministre, je vous l'ai proposé par écrit,
» et je renouvelle ici de vive voix ma propo-
» sition. »

— *Le ministre :* « Pesez bien votre engage-
» ment : le service que nous attendons de
» vous est immense pour la France et pour
» l'humanité. Il n'est point de prix pour le
» reconnaître... Parlez cependant, quelle que
» soit la récompense que vous demandiez , je
» puis vous dire d'avance qu'elle vous sera
» accordée.

— » Ce que je vous ai écrit, repris-je vive-
» ment, je vous le répéterai, j'agis par convic-

» tion et non par intérêt; je veux sauver le
» pays de la guerre civile, mais je ne me vends
» pas. Sachez bien que si je voulais me ven-
» dre, vous ne seriez pas assez riche pour m'a-
» cheter....

» Si l'argent ou les honneurs me tentaient,
» ambassadeur de Madame, conseiller et ami
» de plusieurs têtes couronnées, je resterais
» dans le camp des carlistes, où ma fortune
» et mon avenir sont assurés. Ainsi, vous
» le voyez, ce n'est pas ici une affaire d'inté-
» rêt, mais de dévouement. »

Ces quelques paroles prononcées avec chaleur convainquirent M. de Montalivet. « Nous
nous reverrons, me dit-il en me quittant,
» nous aurons à causer plus longuement. »
Mais le lendemain ou le surlendemain, il
céda à M. Thiers le portefeuille de l'intérieur,
et ce fut avec ce dernier que se continuèrent
des relations entamées avec son prédécesseur.

On a beaucoup parlé, sans les connaître,
des conditions que j'avais faites au gouvernement. Les voici : je stipulai avec le mi-

nistre de l'intérieur, qui se porta fort pour ses collègues, que Madame ne serait, sous aucun prétexte, livrée aux tribunaux et soumise à un jugement;

Qu'aucun légitimiste ne serait arrêté, par suite de ses rapports avec moi; que M. de Bourmont, en particulier, pourrait, sans être inquiété, quitter la Vendée et la France;

Enfin, que si je succombais dans mon entreprise, mon corps serait transporté à Paris, aux frais de l'état, et enterré auprès de la tombe de ma mère.

En présence de ces conditions, les *seules* que j'aie faites au gouvernement, que penser des calomnies de l'esprit de parti, me représentant comme un homme cupide et altéré d'or, exigeant du ministère honneurs et fortune, cotant ses services et les mettant au prix d'un million !..... Dans toute cette affaire, jamais l'intérêt ne m'a guidé, jamais un mot d'argent n'est sorti de ma bouche, jamais la pensée ne m'est venue d'en faire une spéculation, jamais je n'ai vu dans Madame une femme à vendre, mais une ennemie à arrêter....... J'en atteste l'honneur et la loyauté des ministres, et je provoque le démenti de mes ennemis.....

Certes, je me montrais, surtout après ma conversation avec M. de Montalivet, assez peu exigeant; aussi son successeur s'empressa-t-il d'accepter ma triple condition, et moi je ne songeai plus qu'à remplir ma promesse.

Craignant pour ma vie, M. Thiers voulait me retenir à Paris, d'où, par son intermédiaire, j'aurais pu tout diriger. Cette proposition (qu'il en reçoive ici l'expression de ma reconnaissance!) avait pour moi ce double avantage de me soustraire aux dangers qui m'attendaient dans la Vendée, et de couvrir d'un voile impénétrable aux yeux des carlistes l'homme qui leur enlevait leur chef, et tuait ainsi leur parti. Accoutumé à mépriser le danger, et à marcher la tête haute, cette considération me toucha peu; je crus qu'à ma présence sur les lieux étaient attachées et l'arrestation de Madame, et la conservation de sa vie; car mon but n'était pas seulement de la faire arrêter, mais de la faire arrêter saine et sauve, et sans qu'il en coûtât à elle un seul cheveu, et aux hommes de son parti une goutte de sang (*).

Lorsque M. Thiers vit que ma détermination était inébranlable, il m'engagea à ne pas courir seul les chances du voyage. Un matin, dans son cabinet, il me présenta un homme, dévoué comme moi, me dit-il, au gouvernement de Louis-Philippe, et qui déjà avait eu l'occasion de rendre à la nouvelle dynastie plus d'un service ; cet homme, qui portait le ruban rouge à sa boutonnière, s'exprimait avec facilité, avait de bonnes manières et l'usage du monde, était M. Joly, que je ne savais pas alors attaché à la police. C'était lui qui, sous la restauration, avait arrêté l'assassin du duc de Berry.

Je partis seul de Paris, sous le nom d'Hya-

(*) Je me rappelle que je terminai par ces mots l'une de mes conversations avec M. Thiers, qui voulait me retenir à Paris : « J'ai pris, monsieur le ministre, une grave respon- » sabilité, et je ne puis confier à un autre que moi le soin « de veiller sur les jours de MADAME. »

cinthe de Gonzagues, avec un ancien passe-port signé du cardinal Bernetti. A Angers, le premier homme qui s'offrit à ma vue fut M. Joly : après un entretien de quelques minutes, il remonta dans sa chaise de poste, et moi, j'attendis jusqu'au lendemain le bateau à vapeur qui me porta à Nantes. En débarquant, je retrouvai M. Joly : il me suivit, sans mot dire, jusqu'à l'hôtel de France, et là, me prenant à l'écart, il m'annonça que j'étais attendu le soir même à la préfecture, et m'engagea à lui remettre le paquet dont j'étais chargé pour Madame. Je le lui remis ; il contenait vingt-six lettres, la plupart, me dit-on, du roi Charles X, des membres de sa famille, de plusieurs princes étrangers, et notamment du prince d'Orange, qui se mettait à la disposition de Madame, et l'exhortait *à tenir bon*, lui promettant qu'Anvers ne serait rendue qu'à la dernière extrémité.

En attendant l'heure du rendez-vous à la préfecture, j'allai faire visite à madame P....., parente de M. Jauge, banquier, pour laquelle j'avais quelques commissions. Ayant appris que j'avais des lettres à faire tenir à Madame, elle m'offrit ses services.

De chez Mme. P..... je me rendis à la préfecture. Elle était occupée par un fonctionnaire, tout récemment instalé, M. Maurice-Duval; c'était un ancien préfet de l'empire, homme plein d'activité et d'énergie, connaissant ses devoirs et sachant les remplir avec fermeté. Durant tout le temps que je restai à Nantes, il ne se passa pas de jour que je n'eusse avec lui une conférence de deux, trois et quelquefois jusqu'à cinq heures; pas de nuit, qu'il ne prît sur son sommeil six et sept heures.

M. Maurice-Duval avait eu à peine, avant mon arrivée, le temps d'ordonner certaines mesures indispensables au succès de l'événement qui se préparait; il avait encore besoin de deux ou trois jours, pendant lesquels il me conseilla de visiter les environs. La loyauté de celui qui me donnait ce conseil ne me permettait pas d'en suspecter le motif. Je partis pour Paimbœuf, petite ville à dix ou douze lieues de Nantes; mais, assiégé par mille et mille pensées, tourmenté par l'inquiétude, fatigué de l'inaction , je ne pus y rester que deux jours, et accourus de nouveau à Nantes. Le préfet venait de recevoir une dépêche du ministre : elle lui annonçait que j'avais été trahi par un lieutenant-général , auquel j'avais eu l'imprudence de me confier, et que, dans une réunion de la veille, le comité carliste de Paris avait résolu à l'unanimité de me faire assassiner. « Il ne faut pas , ajoutait » M. Thiers, qu'un homme d'un dévouement » aussi désintéressé , devienne la victime inu- » tile de sa persévérance et de son patrio- » tisme. » En conséquence il prescrivait au préfet de m'empêcher d'agir; mais j'insistai si vivement, que M. Maurice-Duval me laissa libre de poursuivre mon projet.

L'un des intermédiaires les plus sûrs entre Madame et ses agens, était l'Abbé A..., curé de St.-Pierre. Je m'adressai à lui, mais il me reçut fort mal, me traita d'envoyé du gouvernement, et s'oublia jusqu'à m'injurier. Je crus un instant que M. Thiers avait été bien informé, et que j'étais trahi; mais, sans me déconcerter, je fis tête à l'orage : à l'emportement j'opposai du sang-froid, aux injures des raisons, assaisonnées d'un peu d'ironie, et si mes efforts, pendant cinq quarts d'heure, ne purent le ramener, du moins je le laissai dans le doute et l'incertitude, et je n'en voulais pas davantage. Madame P..., chez laquelle j'allai ensuite, ne me fit guère un meilleur accueil ; elle consentit néanmoins à se charger de mes lettres, et à prier madame de la Ferronaye, supérieure de la Visitation, de les faire tenir à MADAME, mais madame de la Ferronaye s'y refusa. D'où venaient et cette défiance, et ces précautions inaccoutumées?... Une lettre récente de Paris avait averti MADAME qu'un jeune homme de trente à trente-deux ans, secrétaire d'une notabilité légitimiste, s'était vendu au gouvernement, et allait partir pour la Vendée. Cet avertissement transmis par MADAME à ses amis, avait éveillé leurs soupçons et redoublé leur vigilance. Lorsque je me présentai, je fus pris pour le secrétaire transfuge.

Grâce à tous ces obstacles, il me semblait si difficile de pouvoir arriver jusqu'à MADAME,

dont j'ignorais encore la présence à Nantes,
que je me décidai à reprendre la poste pour
Paris. M. Maurice-Duval approuvait ma détermination, et déjà mon passe-port était signé,
lorsque, quelques heures avant mon départ,
me promenant en face de l'hôtel de France,
je fus abordé par une dame qui me dit sans
s'arrêter : — «Je crois que c'est vous que je
» cherche; n'êtes vous pas M. de Gonzagues?

— Oui, eh bien?

— Béni soit Dieu! madame P..... vous at-
tend avec impatience; allez la voir de suite.

Quelques minutes après, j'étais chez madame P..... Elle s'excusa d'abord de sa mé-
prise, puis me montra une lettre de madame
de Laferronaye, dans laquelle cette dernière
lui disait qu'elle était désolée de la réception
que m'avait faite le parti carliste, et que sur
les rapports qui lui étaient parvenus, MA-
DAME m'avait reconnu, et avait témoigné le
désir de me voir. Cette fois madame la supérieure de la visitation ne refusa plus de se
charger de ma correspondance. Elle la trans-
mit sans délai à MADAME, et celle-ci m'a-

dressa presque immédiatement un billet de sa
main : c'était l'indication d'une audience pour
le mercredi 25 octobre, à six heures du soir :
« Un homme auquel vous pouvez vous con-
» fier, ajoutait-elle, viendra vous prendre à
» cette heure, et vous servira de guide au-
» près de moi. »

Je me concertai avec MM. Maurice-Duval
et Joly; il fut convenu entre nous que ce
dernier, avec quelques agens appostés non
loin de mon hôtel, me suivrait à distance,
mais pourtant sans me perdre de vue, et que
six cents hommes consignés dans leur caserne,
l'arme au bras, se tiendraient prêts à marcher au premier signal. Ces mesures arrêtées,
j'attendis le 28.

A sept heures un homme ivre (c'était M. Duguigny, qui sortait de prison, prévenu de
chouannerie) vint me chercher; il me donna
le bras, et je me laissai conduire; après un
court trajet, nous arrivâmes. Je n'aperçus
d'abord que M. le comte de Mesnard, auquel
je demandai MADAME : elle m'entendit, car
à l'instant elle sortit de derrière une cloison,

en me disant : « Me voici, mon cher Deutz. »
A ces mots prononcés avec bienveillance, je
me sentis faiblir, un nuage s'étendit sur mes
yeux, et je me trouvai mal; alors, avec cette
bonté qui lui était naturelle, Madame m'ap-
procha elle-même une chaise, en ajoutant :
« Remettez-vous, mon ami. »

Ce ton, cet accent, cette prévenance, me
pénétrèrent, et je me surpris un moment,
élevant des doutes sur la nécessité de son
arrestation. Mais dans le cours de la conversation, qui dura trois heures, l'un des inter-
locuteurs ayant eu la maladresse de me dé-
rouler de nouveau les plans du parti, de me
rappeler que la conquête de la couronne pour
Henri V n'était possible que par la guerre
civile et les secours de l'étranger; Madame,
de son côté, m'ayant dit qu'elle ne quitterait
la Vendée que forcément, et qu'elle comptait
sur un soulèvement général pour l'ouverture
des chambres, j'oubliai la femme compatis-
sante et malheureuse, pour ne voir que la
princesse, ennemie du pays, poussant les
citoyens aux armes, et appelant l'invasion ;

4.

je retrouvai toute ma fermeté, et MADAME eût été arrêtée sur l'heure, si M. Joly, au milieu de l'obscurité d'une nuit froide et pluvieuse, n'eût perdu mes traces (*).

Le conseil des ministres se réunissait presque tous les soirs, attendant avec anxiété des nouvelles de Nantes. Voici les quelques lignes que je traçai précipitamment pour lui, le 28 octobre à dix heures :

« Je sors de chez MADAME. En entrant chez
» elle, lorsqu'elle m'a adressé la p role pour
» la première fois, je me suis trouvé mal.

» La voix d'une femme a toujours eu beau-
» coup de pouvoir sur moi ; et cette femme,
» qui était là devant moi, était malheureuse....

» Ce n'a été que lorsqu'on m'a eu de nou-
» veau déroulé les plans de guerre civile, et
» l'espoir du secours des armées étrangères,

(*) Si MADAME eût voulu consentir à quitter la Vendée, je me serais empressé de lui en faciliter les moyens. Ce fut dans ce but que je pris la liberté de lui dire : « Madame, » pourquoi vous obstiner à rester en France ; ne pourriez- » vous en sortir ? — Non, non, s'écria-t-elle avec humeur, » je suis ici et j'y resterai ; je ne veux sortir de France que » morte ou régente. »

» que je suis redevenu tout-à-fait maître de
» moi......, etc., etc. »

Ce billet fut remis le soir même à un courrier, qui partit à franc étrier pour Paris.

L'insuccès de cette première tentative ne me découragea pas. Je sentais toute l'importance de la capture de Madame avant l'ouverture des chambres, qui était prochaine, je sollicitai donc, sans perdre de temps, une nouvelle audience. Après maints et maints pourparlers, maintes et maintes promesses faites et retirées, elle me fut accordée, et Madame me fit savoir qu'elle me recevrait le 6 novembre toute la journée, jusqu'à dix heures du soir, chez mesdemoiselles Duguigny.

Je me hâtai d'en informer MM. Duval et Joly. Nous décidâmes que l'on ferait prendre les armes à toute la garnison, et que, pour ne pas exciter de soupçon, on prierait le général commandant la division militaire d'ordonner pour le 6 une grande revue, de la prolonger jusqu'à cinq heures, puis de faire rentrer les troupes dans leurs casernes, et de les y consigner, dans l'attente de l'événement;

que de mon côté j'irais à quatre heures et
demie au rendez‑vous, et que, si à cinq
heures je n'avais point envoyé de contre‑
ordre, l'on investirait la maison des demoi‑
selles Duguigny. Toutes ces mesures, enve‑
loppées du secret jusqu'au dernier moment,
furent ponctuellement exécutées, et les au‑
torités administratives et militaires rivalisè‑
rent de zèle et de dévouement.

Avant de me rendre auprès de Madame,
j'étais allé visiter Mme. P....., qui avait reçu de
M. Jauge deux lettres sous enveloppe, avec
cette suscription en anglais : *donnez les lettres
ci-incluses à notre ami*. Ne sachant si ces let‑
tres étaient pour Madame ou pour moi,
Mme. P..... me les remit, en m'engageant à les
lire. Je rompis le cachet de l'une d'elles, mais
ne reconnaissant ni l'écriture ni la signature,
je supposai qu'elles étaient pour Madame. J'en
parlai à M. le comte de Bourmont, que je vis
le 5 au soir, et le priai de les faire parvenir,
mais il m'engagea à les garder, et à les remettre
moi-même dans l'audience du lendemain.

Le 6, à quatre heures et demie, j'étais au‑

près de MADAME. En lui présentant mes deux
lettres, dont l'une était décachetée, je m'ex-
cusais de mon indiscrétion, lorsque m'inter-
rompant avec beaucoup d'obligeance : « Je
» n'ai pas, me dit-elle, de secrets pour vous;
» je vais lire cette lettre en votre présence. »
En même temps, à l'aide de réactifs, elle fit
paraître les caractères tracés en encre sympathique. L'une de ces missives était de M. B......,
qui lui rendait compte d'une négociation en
Espagne, l'autre de M. Jauge, qui la préve-
nait de se tenir sur ses gardes, « parce qu'il
» savait de source certaine qu'un homme qui
» avait toute sa confiance, l'avait trahie et
» vendue à M. Thiers, pour un million. »
MADAME jeta avec insouciance cette lettre sur
une table où elle fut saisie une heure plus
tard, et me regardant en souriant: «Vous avez
» entendu, monsieur Deutz, c'est peut-être
» vous?» Et je lui répondis sur le même ton : —
» C'est possible. » Cette seconde audience dura
une heure environ, et lorsque je quittai MA-
DAME, « Adieu, me dit-elle, adieu, monsieur le
» baron, retournez à votre poste, et n'oubliez

» pas que le premier coup de canon tiré sur
» l'Escaut sera le signal de notre triomphe en
» France (*). »

Quelques minutes après, j'avais pris congé
de Madame. La maison Duguigny fut cernée par
les troupes, fouillée en tous sens par les agens
de la police, et la Duchesse trouvée cachée
avec MM. de Mesnard et Guibourg, et mademoiselle Stylie de Kersabiec, derrière une
plaque de cheminée, où elle avait eu le courage de rester durant seize heures. Aussi
long-temps que se prolongèrent ces recherches, M. Maurice-Duval, presque constam-
ment sur les lieux, ne songea pas à se désha-
biller.

Je n'attendis pas l'arrestation de Madame;
ma présence à Nantes était désormais inutile,
et ma mission terminée. Je me jetai dans une
chaise de poste qui me conduisit à Paris.
Toutefois avant mon départ de Nantes, je

(*) Madame faisait allusion à notre expédition contre le
roi Guillaume de Hollande, et au siége d'Anvers qui com-
mença un mois plus tard.

sollicitai de M. le préfet une faveur, la seule
que j'eusse jamais demandée à un fonctionnaire public, c'était de ne point chercher à
faire arrêter, ni même à inquiéter M. le comte
de Bourmont. M. Maurice-Duval m'en donna
sa parole, en ajoutant : « Mon mandat est
» de pacifier la Vendée, et non d'y faire des
» victimes ; que Madame soit arrêtée, et mon
» mandat est accompli!..... » Cette réponse
était en parfaite harmonie avec les instruc-
tions que ce fonctionnaire avait reçues de
M. le ministre de l'intérieur. « Epargnez le
» sang, lui avait dit en ma présence M. Thiers,
» en le nommant pour successeur à M. de
» Saint-Aignan, et n'oubliez-pas que dans les
» deux camps vous rencontrerez des Fran-
» çais. Ne négligez rien pour arrêter Madame,
» mais veillez sur sa vie, et faites-vous tuer
» plutôt que de l'exposer. »

La parole de M. Maurice-Duval était pour
moi la meilleure garantie ; je m'éloignai tran-
quille sur la liberté de M. de Bourmont, et
j'appris bientôt qu'il avait pu, avec tous les légitimistes compromis comme lui, quitter la

Vendée et la France. La police les faisait chercher là où elle savait très-bien qu'ils n'étaient pas.

Ainsi se termina le *drame* de Nantes!!

CHAPITRE V.

Conséquences de l'arrestation de MADAME. — Mensonges des journaux légitimistes. — Mes seuls rapports avec MADAME, — Détails sur Drack. — Fragmens de lettres. — Le cardinal Weld. — Le prince de Polignac. — Enlèvement. — Conclusion.

L'ARRESTATION de MADAME (j'en atteste les trois ans écoulés depuis), était pour son parti un coup mortel, rendait à la malheureuse Vendée une tranquillité que ses campagnes dévastées ne connaissaient plus depuis deux ans, étouffait la guerre civile, près de se rallumer plus dévorante, repoussait l'intervention étrangère qu'appelaient des vœux impies, et épargnait le sang français qui avait coulé avec trop d'abondance déjà à Maisdon, à la Caraterie, au Chêne, au Riaillé et à la Pénissière. Aussi tous les organes de l'opinion s'empressèrent-ils d'annoncer cette arrestation «*comme un événement heureux pour le pays* (*). »

« Ce n'est pas l'arrestation d'une femme, » disait *le Breton*, journal de la localité, et qui par sa position était plus à même que toute autre feuille d'apprécier l'importance de cette capture, « ce n'est pas l'arrestation » d'une femme, d'une femme faible, qui va » satisfaire la France; mais ce qui doit réjouir » tout cœur français, c'est la fin de la guerre » civile......

» LA GUERRE CIVILE EST FINIE DANS LA VEN-» DÉE (**). »

Le National, disait dans le même esprit : « La duchesse de Berry est prise : nous nous » en réjouissons, si cette arrestation enlève » aux fauteurs de guerre civile dans l'Ouest » leur drapeau (***). »

Ma conscience pouvait donc me rendre ce témoignage que le pays me devait un immense service. Mais comment espérer de me

(*) (**) (***) Voir *le Constitutionnel*, *le Breton*, *le National*, et la plupart des journaux du 9 novembre 1832.

soustraire aux injustices, aux haines et aux calomnies de l'esprit de parti? Ennemi de la légitimité, les feuilles de la légitimité devaient me traiter en ennemi, je m'y attendais; mais en France, l'inimitié n'exclut pas la loyauté, et elles m'ont attaqué avec fureur, et elles se sont efforcées de flétrir ma vie! Pour elles, mon dévouement au trône de juillet n'a été que de la vénalité, mon courage et ma persévérance, de la lâcheté et de la perfidie...... Pour me rendre odieux, pour me marquer au front du stygmate de l'infamie, elles ont imprimé et colporté le mensonge. Elles ont dit et répété que MADAME avait en moi toute sa confiance; qu'elle daignait m'admettre à sa table, qu'elle m'avait tenu à Rome sur les fonds baptismaux, lors de mon abjuration; qu'elle nous avait comblés de bienfaits, ma famille et moi; enfin, dans leur haine aveugle, outrageant leur idole, que j'étais initié au mystère de Blaye.

Ami de la liberté d'écrire, la plus large, la plus illimitée, je ne me plains pas de ces attaques passionnées de la presse légitimiste; je les avais prévues, et m'y étais résigné d'avance. Mais je me plains et m'afflige que la presse opposante, étrangère à ma querelle avec le carlisme, ait cru trop facilement aux paroles de ses journaux, et reproduit de confiance et sans contrôle leurs accusations.

Elles sont mensongères..... Et entre mes adversaires et moi je ne voudrais d'autre arbitre que Madame, abandonnée à ses inspirations, et libre de l'obsession des intrigans qui l'assiègent. Etranger à cette princesse, ne devant qu'à une rencontre fortuite de l'avoir vue une ou deux fois, ne lui ayant jamais parlé aux jours de sa splendeur, je ne lui ai jamais rien demandé, et n'en ai jamais rien reçu.

Depuis son exil, je l'ai vue sept fois à Massa, et deux fois à Nantes, et toujours en présence de M. le comte de Mesnard ;

Elle n'était point à Rome en 1828, lorsque je m'y fis catholique, et n'a pu dès lors me servir de marraine ;

Une seule fois j'ai été admis à l'honneur de m'asseoir à sa table, mais jamais elle n'a eu pour moi ni bienfaits ni faveurs;

Pendant sept mois que j'ai parcouru pour elle l'Italie, l'Espagne et le Portugal, je n'ai pas même réclamé d'elle mes frais de voyage (*).

Un seul membre de ma famille a été l'objet de ses bontés, et cet homme est mon ennemi personnel, et il ne s'est allié à nous que pour affliger la vieillesse de mon père, faire le malheur de ma sœur, me vouer à l'infamie et me désigner aux poignards du carlisme (**).

Drack, épousa en 1817, Sara, ma sœur aînée, ma sœur de prédilection. Les premières années de ce mariage furent heureuses, et les liens qui unissaient les époux furent encore resserrés par la naissance de plusieurs enfans. Mais en 1823, Drack, mu par des vues d'ambition, et cédant à l'esprit de l'époque qui se tournait vers le cagotisme, abjura la religion

(*) Je dois reconnaître cependant qu'une seule fois, comme frais de voyage, j'ai touché, par ordre du ministre, à la caisse de M. Jauge, cinq cents francs, dont j'ai donné quittance.

(**) Dans une lettre adressée à *la Quotidienne*, le 29 novembre 1832, Drack a eu la lâcheté de donner mon signalement.

juive et se fit catholique. Cette abjuration in-
téressée fut récompensée par la place de bibliothécaire du duc de Bordeaux.

En changeant de religion, Drack changea
aussi de sentimens et de conduite envers sa
femme, et poussa l'ardeur du prosélytisme
jusqu'à faire élever ses enfans dans le culte catholique. Long-temps Sara souffrit avec résignation ; long-temps elle supporta sans se
plaindre la froideur, le délaissement, et les
injurieux dédains de son mari, mais la résignation à ses bornes ; lasse de tant de mauvais
traitemens, Sara quitta Paris et alla se réfugier
à Londres avec ses enfans, invoquant contre
les persécutions de son mari, la protection de
la loi anglaise, et mettant la mer entre elle et
ses poursuites.

Toutes les recherches de la police française
stimulée par Drack, furent infructueuses pour
retrouver les traces de ma sœur. Ne pouvant
parvenir à connaître sa retraite, il partit pour
Mayence, et là, ce fervent catholique revint
tout-à-coup, après des pénitences publiques,
à la religion juive. Comme son abjuration

avait été la première cause de sa mésintelli-
gence avec sa femme, il s'empressa de lui
annoncer son retour au judaïsme. Sa lettre,
qui contenait l'aveu de ses torts, et en solli-
citait le pardon, était adressée à mon père,
avec prière de la faire tenir à Sara.

« Chère amie, chère épouse, ma bien
» aimée Sara (lui écrivait-il), c'est assez !
» Assez long-temps j'ai été en proie au dou-
» loureux reproche d'avoir affligé le meilleur
» des pères, et d'avoir porté la désolation
» dans ce cœur qui m'a toujours aimé si ten-
» drement, dans le cœur de celle qui fut tou-
» jours, j'en jure par mes enfans, mes uni-
» ques amours, et sans laquelle je ne saurais
» vivre, comme hélas ! j'en ai fait l'expérience.
» Sara ! ton Drack , *revenu de son égarement*
» *funeste , reconnaissant l'énormité de sa faute,*
» *réconcilié avec la Synagogue , réconcilié avec*
» *notre excellent père ,* 'n'aspire plus qu'au
» bonheur d'être réuni avec ce qu'il a de plus
» cher au monde, avec sa chère Sara et ses
» malheureux enfans ; il n'a d'autre vœu que

5

» de rendre un mari à son épouse, un père à
» ses enfans. Ah! ma bonne Sara, ne me laisse
» pas languir plus long-temps, je t'en con-
» jure par la tendresse qui a serré nos liens,
» par nos charmans et malheureux enfans !...

. . . .

» Voilà bientôt cinq mois que je suis privé
» de ma Sara, de ma Clarisse, de ma pauvre
» Rosine, de mon Auguste. Ah! chère amie,
» si tu savais comme c'est douloureux, et
» comme mon cœur a souffert depuis ton dé-
» part. La mort la plus cruelle n'est rien du
» tout en comparaison de l'angoisse que j'é-
» prouve. Ma chère épouse, ma bonne Sara,
» mets enfin un terme aux cruelles souffrances
» de ton tendre époux. Je t'en prie, je t'en sup-
» plie, je t'en conjure à genoux. Ton cœur serait
» percé de douleur si tu pouvais te faire la
» plus faible idée de mes peines. Je sens par
» moi-même que ta tendresse pour moi ne
» s'est pas affaiblie. Pourrais-tu chasser de ton
» cœur le père de Clarisse, de Rosine et d'Au-
» guste?... Mon cœur me dit que tu m'an-
» nonceras de suite mon pardon, et notre

» très-prochaine réunion. Je te jure que je
» ne connaîtrai plus de volonté que la tienne.....
» Ton fidèle et tout dévoué époux et ami
» Drack.

» *Mayence, le 27 août 1823.* »

« *Qui plus que moi,* m'écrivait encore Drack,
» le 21 avril 1824, *doit invoquer l'indulgence et*
» *le pardon du passé?*

» J'ai écrit à ma Sara, et j'attends sa réponse
» ainsi que la vôtre avec impatience.

» Assurez notre cher père de mes senti-
» mens d'amour, de reconnaissance, et *sur-*
» *tout de repentir.* Il peut être sûr que rien
» ne me coûtera *pour faire oublier le*
» *passé.* »

Comment ne pas croire à la sincérité de ces
protestations! Vaincue par les prières de son
mari et par les sollicitations de sa famille,
Sara consentit à revoir le père de ses enfans.
Le misérable avait pendant un an feint la
tendresse, le désespoir et le repentir. Après
deux mois passés au milieu des jouissances
d'une réconciliation entière de la part de

Sara, le lâche la trompa de nouveau, et disparut un matin, emmenant avec lui ses trois enfans, laissant sa femme enceinte, et lui emportant ses bijoux et le peu d'argent qui lui restait......

Cet enlèvement avait été prémédité dans l'ombre Drack, en les trompant, était parvenu à mettre dans ses intérêts l'abbé Weld, devenu depuis cardinal, madame M..., son amie, et M. le prince de Polignac, ambassadeur de France à Londres. Avant de quitter Paris, il s'était aussi assuré de l'appui de Madame, et Madame, qui ne devait être étrangère ni aux joies ni aux douleurs de la maternité, qui ne pouvait ignorer tout ce qu'il y a de tendresse et de désespoir dans le cœur d'une mère à laquelle on arrache ses enfans, Madame avait consenti à tremper dans ce complot!!!...

Depuis deux mois, Drack et sa femme vivaient dans un accord qui rappelait ses premières années de leur union, et Drack, en pleine synagogue, avait renouvelé les pénitences publiques de Mayence, lorsqu'un ma-

tin, sous prétexte de les mener à la prome-
nade, il sortit avec ses enfans et leur gouver-
nante. Au détour d'une rue, il rencontra
comme par hasard, madame M... dans son
équipage ; cette dame lui offrit une place auprès d'elle, il l'accepta, en congédiant la
bonne, à laquelle il donna rendez-vous au
même endroit pour une heure, une heure
et demie au plus tard. Le cocher fouetta les
chevaux, et le lendemain ils étaient à Dou-
vres.

Je chercherais en vain à peindre l'affliction
de ma sœur, quand elle apprit la fuite de son
mari et l'enlèvement de ses enfans ; il est
de ces douleurs qu'une épouse et une mère
peuvent seules ressentir, et que l'expression
est impuissante à rendre.

De retour à Paris, Drack abjura de nouveau le judaïsme pour le catholicisme, et les
faveurs de la cour lui furent continuées.

Aujourd'hui à Rome, persécuteur de ses
anciens co-réligionnaires, il recueille le fruit
de ses apostasies et de ses bassesses. Il est chevalier de l'ordre de l'Éperon d'Or, bibliothé-

caire de la propagande, et bibliothécaire futur de Henri V.

Après l'arrestation de Madame, il eut l'impudeur de me jeter la première pierre, de m'attaquer dans la *Quotidienne* et la *Voce della Verita*, et de livrer à la publicité mon signalement, sans doute pour que les poignards de la légitimité m'atteignissent plus sûrement. Je n'ai voulu me venger de lui qu'en assurant la vie de sa femme qu'il avait laissée sans ressources et sans pain, et en plaçant ses enfans, qu'il avait abandonnés, dans l'une des premières institutions de Londres.

Voilà l'homme, le seul de ma famille, qui ait eu part aux bontés de Madame! Que les feuilles de la légitimité répondent, elles qui m'ont traité d'ingrat, devais-je à la princesse quelque reconnaissance?.....

Après l'événement de Nantes, dont les détails ignorés des uns, furent dénaturés par les autres, je pris avec moi l'engagement d'en esquisser la relation. Cet engagement, je le remplis aujourd'hui; aujourd'hui je paie ma dette à l'histoire.

Je n'écris ni pour les hommes de parti, ils affecteraient de ne pas me comprendre, et pour eux cet opuscule ne sera que l'occasion de nouvelles injures, de nouvelles calomnies; ni pour les hommes prévenus ; la prévention revient si rarement! J'écris pour les hommes impartiaux, libres de toute chaîne politique, amis de la vérité, et esclaves de leur conscience. Ces hommes, je les accepte pour juges.

En faisant arrêter MADAME, j'ai agi non dans un intérêt d'argent, mais dans un intérêt de patrie et d'humanité. D'avance j'avais calculé tous les résultats de mon action, et ce qui alors n'était que prévision, est devenu depuis réalité.

La guerre civile étouffée, l'invasion prévenue, les projets du carlisme déjoués, le sang arrêté, la paix rendue à la Vendée, la sécurité à ses habitans, la prospérité à son commerce et à son industrie ; tels ont été les immenses résultats de l'arrestation d'une femme, et de sa courte captivité. Qui oserait mettre en balance le repos d'un grand pays, et la vie des citoyens avec la détention momentanée d'une femme!

Ce que j'ai fait, je n'hésisterais pas à le faire encore; ma conscience me crie que j'ai bien mérité du pays, et ce témoignage, préférable à tout autre, suffirait seul à l'honnête homme.

Jusqu'ici la France n'a connu que le Deutz qu'il a plu à l'esprit de parti de pétrir à son image, misérable sans pudeur et sans foi, sollicitant la confiance d'une femme, pour la trahir, tendant la main au bienfait, et livrant avec ingratitude la bienfaitrice, la vendant à prix d'argent, et ramassant dans la boue le honteux salaire de sa perfidie. Qui n'eût avec dégoût détourné les regards d'un pareil portrait!!...

Il est temps que la France connaisse Deutz, tel que l'ont fait la nature, les événemens et ses passions.

Né avec d'heureuses dispositions, doué de quelque intelligence et de quelque aptitude au travail, tenace dans ses résolutions, opiniâtre à en poursuivre l'accomplissement, Deutz se fût perdu dans la foule, si les événemens politiques ne l'eussent emporté, en quelque sorte à son insu, dans leur rapide tourbillon.

En butte à des persécutions de caste, Deutz catholique, en appelle, dans la capitale du monde chrétien, à la tolérance religieuse pour obtenir l'émancipation des Juifs;

Vaincu par les préjugés de Rome, il va aux États-Unis retremper ses principes de liberté civile et religieuse;

A Londres, un service d'obligeance le met en rapport avec le parti de Madame; jusque là étranger à cette princesse, il la voit à Massa pour la première fois, ne va pas au devant de sa faveur, mais accepte les propositions qu'on lui fait;

A peine initié aux secrets du parti, il recule effrayé devant des projets de sang et de ruines; pour lui, Madame n'est plus qu'une ennemie de la France, et il la traitera en ennemie de la France.

La Vendée est en feu, le jour de l'insurrection générale est fixé, l'invasion étrangère doit venir en aide à la guerre civile; tant de malheurs peuvent être prévenus par l'arrestation d'une femme, et cette arrestation est au pouvoir de Deutz......

S'il spécule sur la situation que le hasard lui a faite, s'il vend ce service au pays, qui ne saurait le payer trop cher, s'il se met aux enchères des ministres, honte et infamie sur lui!... Mais, s'il ne voit que le salut de la France, si à l'intérêt de la France il sacrifie et sa brillante position, et ses espérances plus brillantes encore, si dans cet intérêt de patrie, il brave les dangers d'une tentative périlleuse, et les poignards de la légitimité; s'il ne sollicite du pouvoir, comme prix de son dévouement, que la sécurité de sa prisonnière, et la liberté des hommes qui lui auraient fait des confidences; si sa piété filiale ne demande, comme grâce, en cas de mort, qu'un peu de terre auprès de la tombe de sa mère, justice, justice pour lui!!... car cet homme n'est ni un traître, ni un lâche, ni un parjure. Cet homme n'a cédé ni à l'appât de l'or, ni aux séductions des récompenses, mais à la nécessité de sauver le pays des discordes intestines et de la guerre étrangère. Le pays menacé a fait un appel à ses enfans, le crime de Deutz est d'avoir répondu à ce cri de détresse.

FIN.

*A M. Crémieux, avocat aux conseils du roi et à
la Cour de cassation.*

MONSIEUR,

Il y a bientôt trois ans, après l'arrestation
de MADAME, je me présentai à vous, sollicitant le double patronage de votre caractère
et de votre talent contre les accusations qui
me poursuivaient. Cédant aux préoccupa-
tions du moment et aux clameurs de l'opinion, à l'influence de laquelle il est si difficile, même aux hommes les plus impartiaux,
de se soustraire, vous me refusâtes votre
appui. La lettre qui m'apprenait votre détermination, écrite pour moi seul, tomba, je
ne sais par quelle fatalité ou quel abus de
confiance, entre les mains de mes ennemis
politiques, et devint dans les colonnes de *la
Quotidienne* une bonne fortune pour ses lecteurs. Vainement, dès le lendemain, dans un
journal qui sympathise avec vous de doctri-
nes, *le Courrier Français*, vous protestâtes

contre cette publicité, à laquelle vous étiez étranger ; le coup était porté, la blessure saignante, et votre réclamation tardive ne pouvait la guérir. Les quelques lignes signées de votre nom m'avaient fait plus de mal que toutes les brochures des légitimistes.

Je compris, au style de votre lettre, qu'il fallait me résigner aux injustices des partis, dévorer leurs injures, et me condamner à l'obscurité et au silence. Vous voyez si j'ai su attendre!..... Mais trois ans passés sur les événemens de Nantes ont calmé bien des haines, attiédi bien des passions, et aujourd'hui la vérité peut, écartant les voiles de la prévention, se montrer dans toute sa nudité. Le moment est venu de tout dire, aussi bien je ne sais si ma persévérance, lasse enfin, attendrait plus long-temps....

Les faits recueillis par moi jour par jour n'avaient besoin que d'être coordonnés entre eux, présentés avec une lucide brièveté, et appuyés de documens qui appartiennent désormais à l'histoire. Je ne pouvais confier ce travail à une plume légitimiste, et ne voulais pas m'adresser à un ami du pouvoir, dont on eût pu suspecter la facile condescendance. J'ai jeté les regards autour de moi ; ils se sont arrêtés sur un homme dont la réputation intacte, le caractère indépendant, le talent révélé dans plus d'une lutte pour la liberté de la presse, et les opinions bien connues, devaient naturellement fixer mon choix. Je suis donc allé trouver M. Moulin ; car c'est de lui que je veux parler. Mais, comme vous, il m'a reçu d'abord avec une froideur et une défiance qu'il n'a pas pris la peine de me dissimuler. Sur mes instances, néanmoins, il a consenti à m'entendre, et à lire les documens que je lui présentais. Peu à peu, ses préventions se sont dissipées, ses hésitations ont disparu devant mes explications, sa conviction est devenue entière, et il m'a promis de la faire partager au pays trompé sur ma vie, sur ma personne, et sur l'événement qui a appelé sur moi tant de célébrité.

Je vous adresse, monsieur, avant l'heure de la publication, cette œuvre qu'il me tarde de voir paraître ; c'est par vous que je veux commencer l'épreuve que je vais tenter sur le public.

Puissiez-vous dire, après la lecture de ces pages marquées au coin de la vérité : « J'ai » mal connu Deutz, et l'ai jugé avec précipi- ». tation ; j'avais cru qu'il avait montré de » l'ingratitude envers sa bienfaitrice, et ja- » mais il n'a rien reçu de Madame ; qu'il s'é- » tait vendu au ministère, et jamais il ne lui » a fait une condition d'argent ; qu'il avait » trahi une femme, et il a arrêté une ennemie » de la France. »

Ces quelques mots de vous, monsieur, seront pour moi un suffrage auquel j'attache le plus grand prix, car vous êtes du petit nombre de ces hommes dont on est fier et heureux d'obtenir l'estime et l'approbation.

Veuillez agréer, etc.

Simon DEUTZ.

Paris, le 26 juin 1835.

Monsieur ,

J'ai lu votre écrit avec l'attention la plus scrupuleuse, sans prévention, sans préjugé.

L'intention est, sans aucun doute, ce qui constitue l'innocence ou le crime ; mais l'intention ne se produit pas tout de suite au grand jour : et quand les actes sont de prime-abord de nature à soulever la conscience, ce n'est pas l'intention qu'on recherche, ce sont les actes qu'on voit et qu'on juge.

L'explication de ma première lettre est dans ce peu de mots.

Cette lettre n'avait pas, ce me semble , toute l'importance que vous y avez attachée. J'en dirai autant de celle-ci. En pareille circonstance , et surtout quand les sentimens politiques se mêlent au jugement, chacun voit les choses à sa manière, et se dirige par ses propres impressions.

Au reste, monsieur, le travail si remar-
quable de M. Moulin établit avec une grande
force l'intention qui vous dirigea. Votre dé-
fense écarte le soupçon d'une trahison à prix
d'argent, le reproche d'une noire ingratitude ;
elle établit que vous n'avez pas eu d'autre
pensée que d'épargner à la France la guerre
civile et la guerre étrangère. Elle permet de
vous juger sous un tout autre aspect.

Le temps, et l'écrit que vous allez ré-
pandre, rétabliront les faits dans leur véritable jour.

J'ai l'honneur d'être, etc.

Ad. CRÉMIEUX.

9 782013 405423